Contes et paraboles de sagesse de l'islam

Ouvrage réalisé
sous la direction éditoriale d'Alain Noël

Si vous souhaitez être tenu(e)
au courant de nos publications,
envoyez vos nom et adresse, en citant ce livre,
aux Éditions des Presses de la Renaissance,
12, avenue d'Italie, 75013 Paris.
Et, pour le Canada,
à Vivendi Universal Publishing Services Canada Inc.,
1050, bd René-Lévesque Est,
Bureau 100,
H2L 2L6 Montréal, Québec.

Consultez notre site Internet :
www.presses-renaissance.fr

ISBN 2.85616.858.2

Achevé d'imprimer : Mame à Tours

Jean Vernette

Contes et paraboles de sagesse de l'islam

Illustrations de

Lassaâd Metoui

PRESSES
DE LA
RENAISSANCE

Préface

Une tradition religieuse se présente, tel un édifice bien stratifié, selon plusieurs niveaux d'approche. Ceux-ci couvrent toute une gamme décrivant l'ensemble de l'activité humaine, depuis la prière, les enseignements de la sagesse populaire, les contes, jusqu'aux considérations théologiques les plus fines, via les quêtes mystico-spirituelles et les préoccupations métaphysiques. Les aspects cultuels, culturels et civilisationnels sont, bien entendu, sous-jacents à ces approches.

À cet égard, une pléthore d'ouvrages sur la religion islamique a vu le jour ces derniers temps. Cette production se cantonne le plus souvent à une grille de lecture sociétale et géopolitique. Le champ d'étude y est circonscrit à des réalités contingentes et l'analyse est axée sur les lignes de force dans le jeu des rapports humains. Dans ce flot écumant, quelques auteurs émergent qui se distinguent par leur refus de sacrifier à l'impératif de la conjoncture et de céder au goût de la sensation. Ces auteurs intègres essayent de s'acquitter de leur devoir d'information et désirent partager le fruit de leur passion en conviant le lectorat à gravir les cimes éthérées de l'élévation spirituelle.

Dans leur sillage, le père Jean Vernette a su rendre la tradition islamique accessible par le biais d'accointances dans le monde fabuleux du conte. En effet, les apologues choisis sous-tendent bien de grandes leçons de morale. Ils illustrent par l'exemple les aphorismes prophétiques plus injonctifs et les maximes des sages qui pourraient sembler trop lapidaires. Un enseignement riche et dense est prodigué dans ces historiettes allégoriques qui frappent l'esprit. Le sourire laisse alors place à la méditation et à la rêverie, qui fécondent une connaissance par intellection. On se trouve projeté dans l'univers arabo-musulman, où les récits traditionnels ne relèvent pas d'une quelconque mythologie puérile et désuète, mais engagent à plus d'intelligence. Une intelligence hybride, celle du cœur et de la raison.

Les paraboles soufies présentées dans ce livre introduisent à l'immense patrimoine de sagesse et de chevalerie spirituelle et éthique que nourrissent sans cesse les hommes et les femmes de l'Islam. En outre, l'ouvrage que nous avons entre les mains est orné par de très belles calligraphies témoignant du talent reconnu de l'artiste qui les a exécutées. Lassaâd Metoui témoigne ainsi de la dimension esthétique omniprésente dans la tradition islamique – livres, tablettes, éléments architecturaux. Ces calligraphies accompagnent merveilleusement le Verbe divin, dans les sonorités musicales et l'impact hypnotique des sourates du Coran, ainsi que les récits imagés par lesquels les hommes ont tenté d'exprimer l'indicible…

Nous nous réjouissons que le lecteur puisse goûter à la saveur de ces apophtegmes sapientiaux de l'islam, le regard flatté par l'harmonie de leur présentation. Il faut savoir gré au père Vernette de nous ouvrir un canal de connaissance qui nous conduit à l'amour et à la beauté.

Ghaleb Bencheikh *

* Ghaleb Bencheikh présente l'émission « Islam » sur France 2 et enseigne, notamment, à l'Espace laïque des religions. Également vice-président de la Conférence mondiale des religions pour la paix, il est l'auteur de *Alors, c'est quoi l'islam ?* paru aux Presses de la Renaissance en 2001.

Au nom de Dieu...

Au nom de Dieu :
Celui qui fait miséricorde,
le Miséricordieux,

Louange à Dieu,
Seigneur des mondes :
Celui qui fait miséricorde,
le Miséricordieux,
le roi du jour du Jugement.

C'est Toi que nous adorons,
c'est Toi
dont nous implorons le secours.

Dirige-nous dans le chemin droit :
le chemin de ceux que tu as comblés de bienfaits ;
non pas le chemin de ceux qui entourent ta colère,
ni celui des égarés.

Sourate 1, *La Fatiha,* 1-7a

Pour faire connaissance avec l'islam

Un caravanier mystique, en Arabie...

Muhammad (« le Loué »), Mahomet en français, naît vers 570 à La Mecque en Arabie, ville religieuse et commerçante. Caravanier mystique, il reçoit vers 610 une révélation de Dieu par son ange Gabriel (Djibril, en arabe), qui lui indique sa mission : ramener son peuple à la religion du Dieu Unique (Allah, en arabe), en lui répétant les paroles entendues, le Coran (« récitation »).

Mahomet part alors prêcher la soumission (islam) *à la volonté de Dieu et annoncer le Jugement divin. Il soulève l'hostilité de ses compatriotes à La Mecque et doit se réfugier en 622 à Yathrib (devenue « la ville du Prophète », Medinat-al-Nabi, c'est-à-dire Médine). C'est l'an I du calendrier musulman (l'hégire, ou « émigration »).*

En 630 il s'empare de La Mecque, la soumet aux préceptes du Coran (qui est en même temps législation civile) et en fait le centre du monde musulman en instaurant l'obligation d'y faire un pèlerinage rituel au moins une fois dans sa vie. L'Arabie est islamisée la première, les clans ennemis s'y étant réconciliés. C'est le prélude d'un plus puissant mouvement d'expansion qui étendra la nouvelle religion pratiquement sur tous les continents.

Le Coran, au cœur de la doctrine

L'islam fait partie des religions révélées, « prophétiques », comme le judaïsme ou le zoroastrisme, c'est-à-dire fondées sur la révélation d'un message venant de Dieu à un prophète qui le transmet ensuite. Celles-ci sont différentes des religions que l'on nomme « mystiques », comme l'hindouisme, le bouddhisme ou le taoïsme, qui partent d'une expérience spirituelle et de l'enseignement d'un sage indiquant la Voie. Le christianisme, qui a le Christ pour source et pour centre, s'en différencie également.

L'islam n'est pas centré sur Mahomet, mais repose sur un livre, le Coran, dicté en arabe par Dieu à son prophète, dans un texte demeuré intangible en la version qui fut fixée vers 650 par le troisième calife, Othman. C'est donc après la mort de Mahomet – lequel n'a rien écrit lui-même – que furent recueillies les révélations que le Prophète reçut de Dieu, dans un livre sacré dont tous les commentateurs s'accordent à reconnaître la grande beauté littéraire.

Le Coran comporte 114 sourates, rangées par longueur décroissante depuis la deuxième. Elles représentent pour le fidèle le recueil des vérités de foi, des principes juridiques et des règles de la vie personnelle et sociale.

Des textes qui guident le musulman tout au long de sa vie

Être musulman, c'est croire que le Coran dans sa totalité, dans chaque sourate et verset, vient « d'auprès de Dieu ». Le fidèle fait l'expérience de Dieu, il s'approche de Lui en récitant le Coran. Il n'y a pas d'autorité ultime qui en donnerait l'interprétation normative. Toutefois le Prophète durant sa vie expliqua aux fidèles le sens de son message, pour compléter les enseignements du Coran. Ses actes et ses propos, voire ses silences, furent consignés sous forme de récits, les hadith, *dont l'ensemble constitue la Tradition, ou « coutume », appelée* sunna *du Prophète.*

C'est à partir du Coran et de la sunna *que fut élaborée la* charia *(la « loi »), code du droit islamique qui balise le comportement du musulman tout au long de son existence. Ceux qui étudient et enseignent la loi, les docteurs (les* oulema*; les* mollah *en Iran et en Inde), donnent des avis et peuvent être des jurisconsultes dans leur communauté, mais ils ne constituent pas un clergé.*

Le credo de l'islam

Le Coran est une suite d'intuitions spirituelles, de révélations sans ordre apparemment logique, mais dont l'ensemble forme un tout cohérent. Car Mahomet a été élu par Dieu : « Je ne suis qu'un mortel semblable à vous. Il m'est seulement révélé que votre Dieu est un Dieu unique » (sourate 41, Les versets clairement exposés, *6).*

Au cœur du cœur de la foi musulmane réside la notion de Dieu : Il est unique ; Il est tout-puissant, miséricordieux ; Il rétribue chacun selon ses œuvres ; Il parle par ses prophètes (en particulier Moïse, Jésus et Mahomet) ; Il parle aussi par sa création, mais Il est inaccessible dans sa vie intime. L'attitude du véritable croyant est de se soumettre à Dieu en se remettant en confiance entre ses mains, ce qui est le sens complet du mot islam.

Certes d'autres prophètes, comme Abraham, Moïse et Jésus – ceux que le Prophète a rencontrés dans son Voyage nocturne –, ont reçu le même message. Mais le Coran le présente sous sa forme la plus achevée, aux yeux du musulman.

la joie

Une communauté, cinq obligations

L'ensemble des croyants de l'Islam – ce mot s'écrit avec une majuscule lorsqu'il désigne le monde musulman dans son ensemble – forme la umma, *la communauté des croyants, où aucune distinction n'est établie entre le temporel et le spirituel.*

Cinq obligations fondamentales structurent la vie religieuse et sociale, les « cinq piliers » :
- *La profession de foi* (shahada), *qui fait entrer dans la* umma *et unit la communauté. « Il n'y a pas d'autre Dieu que Dieu, et Mahomet est son Prophète. »*
- *La prière cinq fois par jour, que le croyant essaie d'accomplir en groupe, plus spécialement le vendredi à midi à la mosquée.*
- *Le jeûne du* ramadan *(neuvième mois de l'année lunaire).*
- *L'aumône* (zakat).
- *Le pèlerinage au sanctuaire de la Kaaba, à La Mecque* (hadj).

On ajoute parfois, à tort, un sixième commandement : le jihad, *qui signifie avant tout « effort ». Certaines sectes à tendances extrémistes y voient l'obligation de mener la guerre contre l'infidèle, mais la très grande majorité des musulmans entendent cette obligation du* jihad *comme un combat contre le mal et contre soi-même, pour mener une vie spirituelle élevée. C'est « l'effort sur le chemin de Dieu ».*

Des courants variés

Le monde musulman connaît plusieurs courants : les sunnites, qui se reconnaissent comme gardiens de l'islam orthodoxe ; les chiites, qui se rattachent à Ali, gendre et cousin de

Mahomet ; les chiites ismaéliens et les courants druzes et alaouites ; les kharidjites (« sécessionnistes »), plus rigoristes, qui prônent depuis 657 l'élection du calife par la communauté. Les soufis, mystiques, sont souvent regroupés en confréries.

L'islam ne possédant ni structure centralisée ni hiérarchie religieuse, les visages de ce monde de plus de un milliard de fidèles répartis sur tous les continents ainsi que les aspects de sa vénérable sagesse sont très variés. Cette diversité s'enracine pourtant dans l'unité du même Coran, des cinq piliers de la foi, et dans la conscience unanime d'appartenir à une communauté unique que fortifie la même observance des obligations rituelles.

C'est dans cette sagesse universelle que nous allons pénétrer par la voie des contes et paraboles qui, mieux que tout discours, nous conduisent au cœur de l'islam.

« Islam »,
un abandon actif
et serein à la Volonté
de Dieu,
à son Mystère
et à son Décret

L*e mot* islam *dérive de la racine arabe S.L.M., qui donne* salam *et qui veut dire « paix » et « salut ». S'islamiser signifie ainsi « entrer dans la Paix ». La mystique de l'islam s'adresse à l'homme dans sa vie de tous les jours, pour qu'il se remette avec confiance à la volonté salutaire de Dieu.*

Ô vous qui croyez !
Demandez l'aide de la patience et de la prière.
Car Dieu est avec ceux qui sont endurants.

Sourate 2, *La vache,* 153

Annonce la bonne nouvelle à ceux qui sont patients,
à ceux qui disent, lorsqu'un malheur les atteint :
« Oui, nous sommes à Dieu, et à lui nous retournerons. »

Sourate 2, *La vache,* 156

Une maison, un costume, la nourriture d'un jour suffisent à celui qui mourra demain. Plus d'un meurt au milieu de la journée, et la moitié de la nourriture est déjà perdue.

Ibn abi Talib Ali

La vache et l'île

Sur une île verdoyante, une vache vivait dans la solitude. Elle y paissait jusqu'à la tombée de la nuit et engraissait ainsi chaque jour. La nuit, ne voyant plus l'herbe, elle s'inquiétait de ce qu'elle allait manger le lendemain et cette inquiétude la rendait aussi maigre qu'une plume. À l'aube, la prairie reverdissait et elle se remettait à paître avec son appétit bovin jusqu'au coucher du soleil. Elle était de nouveau grasse et pleine de force. Mais la nuit suivante, elle recommençait à se lamenter et à maigrir.
Le temps avait beau s'écouler, jamais il ne lui venait à l'esprit que la prairie ne diminuant pas, il n'y avait guère lieu de s'inquiéter de la sorte.
C'est la crainte du lendemain qui rend la vache maigre. Ne t'occupe pas du futur. Mieux vaut regarder le présent. Tu manges depuis des années et les dons de Dieu n'ont jamais pour autant diminué.

Parabole soufie de Djalal al-Din Rûmi,
poète mystique persan (1207-1273)

Dieu n'a pas fait descendre sur terre une maladie sans avoir, en même temps, fait descendre son remède.

Hadith

Une remise confiante... même quand les apparences sont contraires !

Occupe-toi un peu de tes créatures !

Famine à Balkh. Les gens mouraient de faim, jour après jour, par milliers. Au milieu de tant désolation, pourtant, un esclave en pleine forme, heureux, sans souci apparent, vaquait tranquillement à ses occupations.

Quelqu'un s'avisa qu'il y avait là quelque chose de surprenant, et demanda :

« Comment peux-tu te sentir aussi à l'aise au sein de toute cette misère ?

— Mon maître, répondit l'esclave, a accumulé de vastes provisions de nourriture et il ne laisse jamais ses serviteurs dans la disette. »

Shaqiq Balkhi le soufi, en entendant ces mots, invoqua le ciel de ses deux mains levées :

« Seigneur ! N'as-Tu point là matière à réfléchir ? Il y a à Balkh un maître simplement humain qui a de quoi faire manger ses esclaves, tandis que Toi, maître de l'Univers, Tu es incapable de garder quelques provisions de bouche pour tes créatures ! »

Apologue de l'islam,
in Sayd Bohodine Majrouh (éd.)

le voyage

Mektoub ! *C'est le destin ! « C'est écrit » dans le livre du destin où est consignée l'existence de chaque homme, de chaque femme, déterminée à l'avance par Dieu.*

Quand Dieu veut qu'une action s'accomplisse, Il en donne par avance le pressentiment. Aucun moyen ne peut empêcher la décision de prendre effet ou retarder les conséquences de son jugement.

Al-Fath abou Nasr

Car souviens-toi qu'au cou de l'homme est noué son destin.

Abou Hafs Haddad
(forgeron à Bagdad, 879)

L'océan ne diminue ni ne s'accroît, bien que les vagues à jamais s'enflent et s'écoulent ; l'être de ce monde est une vague qui ne dure qu'un moment : l'instant suivant, cette vague disparaîtra.

Djâmi
(écrivain soufi persan, 1414-1492)

Le poisson disait au canard dans la poêle : « Crois-tu que l'eau remontera le cours de la rivière ? » Le canard répondit : « Quand nous serons rôtis, qu'importe que le monde soit mer ou mirage ? »

Omar Khayyam, *Les Robayyat*
(poète persan, 1050-1123)

Mon tour d'existence s'est écoulé en quelques jours. Il est passé comme passe le vent du désert. Aussi, tant qu'il me restera un souffle de vie, il y a deux jours dont je ne m'inquiéterai jamais : le jour qui n'est pas venu et celui qui est passé.

Omar Khayyam, *Les Robayyat*

le Destin

Dieu est Un et Unique

Dieu est unique, transcendant et immanent,
éternel et créateur de toutes choses.
Siège de la coïncidence des opposés,
il est premier et dernier, manifeste et caché,
dans le temps et hors du temps.

Dis :
« Dieu est Un !
Dieu ! L'Impénétrable !
Il n'engendre pas ;
Il n'est pas engendré,
nul n'est égal à lui ! »

Sourate 112, *Le culte pur*

Confiance en Dieu, mon Unique,
Laisse le sort suivre son cours,
Dors le sommeil du paisible,
Puisque, au moment même
de ton inquiétude,
Le Tout-Puissant a changé
La face des choses.

Les Mille et Une Nuits

Les mains d'Allah l'Unique

Un maître voyageait avec un disciple chargé de s'occuper du chameau. Le soir, en arrivant à l'auberge, le disciple était tellement fatigué qu'il n'attacha pas l'animal.
« Mon Dieu ! Tu es l'Unique, pria-t-il en se couchant, prends-en soin, je Te le confie. »
Le lendemain matin, le chameau ayant disparu, le maître voulut savoir où il se trouvait.
« Je l'ignore, répondit le disciple, il faut interroger Allah ! Hier soir, j'étais très fatigué et je Lui ai confié notre monture. Ce n'est pas ma faute si ce chameau s'est enfui ou a été volé. J'ai très explicitement demandé à Dieu de le surveiller. C'est Lui le responsable. Ne nous avez-vous pas souvent exhortés à faire confiance à Allah ?
— Aie confiance en Allah l'Unique, mais entrave d'abord ton chameau, répondit le maître. Car Dieu n'a pas d'autres mains que les tiennes. »

Hadith

Le Dieu Unique que mon cœur cherche

Un homme vivait en ermite dans la montagne, consacrant sa vie à la prière et au silence. Il reçut un matin la visite d'un jeune homme : « Cheikh, apprends-moi à prier. » L'ermite ne leva même pas les yeux.
Le jeune homme revint le lendemain : « Cheikh, apprends-moi à prier. » Mais sa demande n'obtint pas plus de réponse que la veille.
Cependant, il tenait à sa question et revint le troisième jour : « Cheikh, apprends-moi à prier. » Mais sa demande n'eut pas plus d'écoute.
Devant le silence persistant de l'ermite, la colère envahit le jeune homme : « Ma question est-elle donc sans intérêt que jamais tu ne m'entendes ? »
Alors l'ermite lui adressa enfin la parole : « Je n'ai pas répondu car je voulais savoir si ton désir était grand. Car ton désir est déjà une prière. Dieu n'attend rien d'autre, sinon que tu Le cherches, Lui, l'Unique. »

Apologue de l'islam

Dieu, le Miséricordieux

Toutes les sourates du Coran commencent par la même formule: « Au nom de Dieu, celui qui fait miséricorde, le Miséricordieux. » Le musulman pieux le redit inlassablement au premier grain de son chapelet de 99 grains qui disent les 99 beaux noms révélés de Dieu. Le centième est encore inconnu sur la Terre et ne sera révélé qu'au Ciel. Et le fidèle égrène cette louange: « Le Miséricordieux, le Saint, le Puissant, le Précieux, le Victorieux, le Parfait Connaissant, le Créateur, le Très-Patient… »

L'imam sceptique

Elle était très pieuse. On disait même que Dieu lui apparaissait ! L'imam voulut en avoir le cœur net :
« La prochaine fois que Dieu vous apparaît, demandez-Lui donc de vous révéler les fautes que j'ai commises et que Lui seul connaît ! Je saurai alors si c'est bien Lui qui vous apparaît ! »
Le vendredi suivant, à la sortie de la mosquée, la pieuse voyante va trouver l'imam.
« Alors ? Dieu vous est-Il encore apparu ? lui demande-t-il.
— Oui, certes.
— Et que vous a-t-Il dit ?
— Il m'a chuchoté à l'oreille : "Dis à l'imam que j'ai déjà oublié tous ses péchés." »

Hadith

Ce Dieu unique est aussi un Dieu de miséricorde, qui accorde son pardon aux hommes.

Le Miséricordieux, mon Ami...

Malik, fils de Dinar, était considérablement bouleversé par le libertinage d'un jeune homme dissolu qui habitait à côté de chez lui. Longtemps il s'abstint de faire quoi que ce soit, dans l'espoir que quelqu'un d'autre interviendrait. Mais lorsque la conduite du jeune homme devint intolérable, Malik alla le trouver et lui demanda de changer de comportement.

Le jeune homme lui fit savoir calmement qu'il était un des protégés du sultan et que, par conséquent, personne ne pouvait l'empêcher de mener la vie qu'il voulait.

« Je porterai personnellement plainte auprès du sultan, lui dit Malik.

— Ça ne servira absolument à rien, parce que le sultan ne changera jamais ses idées sur moi, répondit le jeune homme.

— Alors, j'irai chez le Créateur, là-haut.

— Le Créateur, là-haut, répliqua le jeune homme, est bien trop Miséricordieux pour m'adresser des reproches. »

Complètement désarmé, Malik abandonna le jeune homme à lui-même.

Un peu plus tard, tout de même, sa réputation se fit tellement mauvaise qu'il y eut un tollé général à son sujet. Malik jugea de son devoir de tenter quelque réprimande. Mais, en route vers la maison du jeune homme, il entendit une voix lui dire : « Ne touche pas à mon ami : il est sous ma protection. »

Malik ressentit une grande confusion et, une fois en présence du jeune homme, ne sut que dire. Celui-ci prit la parole :
« Qu'est-ce qui t'amène ?
— J'étais venu te réprimander, mais, en cours de route, j'ai entendu une voix me dire : "Ne touche pas à mon ami, parce qu'il est sous ma protection" », répondit Malik.
La mine du jeune homme dissolu changea :
« Il m'a appelé son ami ? » demanda-t-il. Mais Malik avait déjà quitté la maison.
Quelques années plus tard, Malik rencontra cet homme à La Mecque. Il avait été à ce point frappé par les propos de la voix qu'il avait abandonné tous ses biens et s'était fait mendiant vagabond.
« Je suis venu ici à la recherche de mon Ami », dit-il à Malik, et il tomba mort.

Conte de l'islam
(d'après A. De Mello)

Reposer au plus près de sa Miséricorde...

Abdul, le maître soufi, sentait venir l'heure de son retour à la réalité au-delà du voile. La voix en son cœur lui en avait fait confidence. Ses disciples l'entouraient pour le dernier voyage.

« Maître, où désires-tu que nous confiions ton corps à la terre ?

— Où il vous paraîtra bon...

— Il nous semble que le champ funéraire près de la grande mosquée serait le plus digne de toi.

— Certes pas ! C'est là que sont enterrés tous les grands maîtres ! Non, je ne peux y avoir accès !

— Mais... quel lieu serait digne de toi ?

— Déposez-moi au cimetière en dehors de la ville, là où l'on enterre les femmes de mauvaise vie ou les criminels ! Eux, ils sont tout près de sa Miséricorde. »

Conte soufi

La surprise de La Mecque

Un musulman très pieux, en pèlerinage à La Mecque, fut ravi de constater qu'il n'y avait pas beaucoup de pèlerins au saint sanctuaire quand il y arriva : il était ainsi en mesure de faire ses dévotions à loisir.
Une fois accomplies les pratiques religieuses prescrites, il s'agenouilla, mit le front sur le sol et dit :
« Mon Dieu ! je n'ai qu'un désir dans la vie : accorde-moi la grâce de ne plus jamais T'offenser. »
Quand le Tout-Miséricordieux entendit cela, Il eut un gros rire sonore et dit :
« C'est ce qu'ils demandent tous. Mais si j'accordais ça à tout le monde, dites-moi : à qui pardonnerais-je ? »

Parabole de l'islam

Le Jugement, jour du Compte

C'est devant ce Dieu Unique, Créateur et Juge, que nous aurons à rendre compte de notre vie. Car Dieu a décrété ce qui est bien et ce qui est mal. Ai-je choisi le bien ? Le Jugement le dira. Au dernier jour, le jour du Compte. Ce dogme fondamental a pour objet d'avertir dès maintenant les hommes injustes, en particulier les oppresseurs des pauvres, que le châtiment les attend inexorablement dans l'autre vie.

Certains hadith situent au moment de la mort l'interrogatoire du défunt dans le tombeau par les anges Munkar et Nakir, suivi de l'attribution des récompenses ou des châtiments.

Au jour dit, les morts sortiront de leurs tombeaux et seront rassemblés devant le trône du Jugement pour la reddition des comptes finale, lorsque sonnera la trompette de l'ange Izra'il. Les anges enregistreurs des actes de chaque homme, pesés préalablement par l'ange Gabriel dans la balance, en remettent à chacun la liste : au juste croyant dans sa main droite, à l'infidèle pécheur dans sa main gauche. C'est alors la traversée du pont de Sirat, « fin comme un cheveu et tranchant comme un sabre », jeté sur la partie supérieure de l'Enfer. Pour ce passage critique, Dieu aidera les justes, les fidèles croyants, tandis que tomberont dans la géhenne les réprouvés.

Efface nos fautes

Notre Seigneur !
Ne nous punis pas pour des fautes commises
par oubli ou par erreur.

Notre Seigneur !
Ne nous charge pas d'un fardeau semblable
à celui dont tu chargeas ceux qui ont vécu avant nous.

Notre Seigneur !
Ne nous charge pas de ce que nous ne pouvons porter.

Efface nos fautes !
Pardonne-nous !
Fais-nous miséricorde !

Tu es notre Maître !
Donne-nous la victoire sur le peuple incrédule.

Sourate 2, *La vache,* 286

Le cancanier

Il était inquiet. Au jour du Jugement, la redoutable balance n'allait-elle pas pencher dans le sens du plateau de gauche : celui des mauvaises actions ? C'est qu'il était mauvaise langue, médisant, jugeant de tous et de toutes, et le racontant avec délices à tout le voisinage...
À l'issue de la prière du vendredi et d'un prêche sur le Jugement, il va se confier à un mollah :
« Je raconte toute sorte d'histoires sur les gens... Ce n'est pas bien... Mais je ne peux m'en empêcher...
— Allons, allons ! répond le mollah en souriant, ce ne serait pas si grave si tu n'avais aussi la fâcheuse habitude d'y ajouter pas mal de détails de ton invention ! »

Couvre la faiblesse de ton frère ou de ta sœur
Et Dieu oubliera ton imperfection
Le jour du Jugement.

« Je ne suis qu'une fausse monnaie... »

C'était un vieux musulman très croyant qui gagnait son pain en vendant toute sorte de bibelots. On eût dit que l'homme n'avait aucun jugement, car souvent les gens le payaient avec de la fausse monnaie et lui l'acceptait sans rouspéter. Ou encore ils prétendaient l'avoir payé quand ils ne l'avaient pas fait et il acceptait leur parole sans barguigner.

Quand l'heure arriva pour lui de mourir, il leva les yeux au ciel et dit :

« Ô mon Dieu, j'ai accepté bien de la fausse monnaie de la part des gens, mais pas une seule fois je ne les ai jugés dans mon cœur. J'ai simplement supposé qu'ils n'étaient pas conscients de ce qu'ils faisaient. Je suis, moi aussi, une fausse monnaie. Je vous en prie, ne me jugez pas ! »

Et une voix se fit entendre :

« Comment pourrait-on juger quelqu'un qui n'a pas jugé les autres ? »

Enseignement rapporté par A. De Mello

L'Enfer est décrit par le Coran suivant les représentations populaires classiques, dominées par le feu, la poix brûlante et le soufre fondu. Le Paradis exprime à l'inverse le paroxysme des joies terrestres – sources, banquets, jeunes filles radieuses – sous l'aspect de ce que la civilisation arabe du VIIe *siècle a produit de plus merveilleux dans ses palais et ses jardins (le mot* janna, *« jardin », est employé 66 fois dans le Coran). Mais la plupart des théologiens modernes et l'islam d'inspiration mystique tel le soufisme y lisent avant tout une métaphore des joies spirituelles, dont la plus élevée est la vision de Dieu.*

Le Paradis de Dieu

Il s'était un peu assoupi dans sa prière sur le tapis de la mosquée. Et il se voit au Paradis de Dieu !
Mais, stupéfaction, tous les bienheureux sont en train de prier et de faire méditation.
« Comment ! s'exclame-t-il en se réveillant en sursaut... C'est donc cela le Paradis ?
— Imbécile ! lui susurre à l'oreille une voix venue d'En haut. Tu crois que ces gens sont au Paradis ? Mais c'est exactement le contraire : c'est le Paradis qui est en toi... »

Parabole soufie

À combien serons-nous estimés au jour du Compte ?

Le prix du peignoir

Un jour que Tamerlan se divertissait dans le bain avec quelques-uns de ses favoris, au nombre desquels se trouvait le célèbre poète Ahmed, le conquérant dit à ce dernier : « Estime en argent la valeur de chacun de nous. »
Le poète se mit à évaluer chacun des assistants avec beaucoup d'esprit et de gaieté.
« Et moi, dit Tamerlan, combien m'estimes-tu ?
— Quatre-vingt aspres, lui dit Ahmed.
— Comment ! lui dit Tamerlan, le seul peignoir dont je suis couvert les vaut !
— C'est justement à cause du peignoir, répondit le poète, que je t'ai estimé autant... »

Le linceul

Quelques jours avant sa mort, Saladin fit promener dans les rues de Damas le drap qui devait lui servir de linceul, et fit crier par un héraut d'armes :
« Voilà, de toutes ses richesses, ce que le grand Saladin, vainqueur de l'Orient et de l'Occident, emporte dans la tombe... »

Rapporté par P. Waleffe

La description traditionnelle du Jugement est surtout rapportée dans le récit du Voyage nocturne de Mahomet. L'une des missions majeures qu'a reçues le Prophète est en effet de faire connaître aux croyants les mystères de l'Au-delà : ceux du Jugement, du Ciel et de l'Enfer.
Le récit du voyage initiatique de Mahomet est un des épisodes les plus connus de sa vie. À partir de ce qu'il a sans doute révélé à l'origine s'est développée une histoire foisonnant de mille détails merveilleux, puisés aussi aux vieux fonds biblique, mésopotamien, égyptien. Cette histoire s'est transmise sous une forme romancée jusqu'en dehors du monde musulman, comme en témoigne le Livre de l'échelle de Mahomet, *traduit en latin, en castillan et en vieux français au* XIIIe *siècle. Certains mystiques voient dans le Voyage un récit symbolique du cheminement de l'âme dans sa quête de Dieu.*

Gloire à Celui qui a fait voyager de nuit son serviteur
de la Mosquée sacrée à la Mosquée très éloignée
dont nous avons béni l'enceinte,
et ceci pour lui montrer certains de nos Signes.

Sourate 17, *Le Voyage nocturne*, 1

Le Voyage nocturne de Mahomet au ciel, en la présence du Très-Haut

Cela se passait au cœur d'une belle nuit étoilée en la sainte ville de La Mecque. Le Prophète dormait – d'après la tradition, c'était le 27 du mois de *rajab* de l'an 620. Tout à coup le héraut préféré de Dieu, l'archange Gabriel, vint le tirer de son sommeil: « Suis-moi. Prends cette monture. » C'était la jument ailée à tête de femme, Al-Bouraq, « L'Éclair ». Mahomet l'enfourche aussitôt. La chevauchée nocturne commence…

Et voici le Prophète transporté dans l'enceinte du Temple de Jérusalem, Al-Qods, « La Sainte ». C'est encore aujourd'hui l'une des trois villes saintes de l'Islam, avec La Mecque et Médine. Le Voyage nocturne du Prophète y est commémoré par le dôme du Rocher et la mosquée Al-Aqsa, édifiée dès le VIIe siècle. La mosquée est érigée sur le rocher d'où Al-Bouraq prit son envol: la pierre porte l'empreinte d'un sabot.

Toute la lignée des plus grands personnages de la Bible, des prophètes, l'y accueille et l'invite à guider leur prière. Toujours sous la direction de Gabriel, Mahomet gravit une échelle où il rencontre successivement le prince de la mort, l'ange Izra'il, puis les sept cieux faits de métaux et de pierres précieuses. Enfin le Seigneur Très-Haut lui-même, en dialogue face à face, lui prescrit en particulier les futures obligations rituelles du peuple de l'Islam.

Mais voici que l'ange prend de nouveau en charge le Prophète pour lui faire découvrir le Paradis et le jardin des

Délices réservé aux bienheureux pour l'éternité. Il lui fait découvrir par la suite les sept terres des Enfers. Mahomet n'est-il pas investi de la mission de rapporter aux hommes ce qu'il aura appris des mystères de l'Au-delà, tout spécialement en ce qui concerne le Jugement, pour les dissuader de s'éloigner du bon chemin ?

Aussi lui faut-il sans tarder mener à bien cette mission. Gabriel le presse de retourner à La Mecque. Il s'y rend sur-le-champ, toujours monté sur la fidèle Al-Bouraq. Devant le sanctuaire, les Mecquois sont rassemblés, très excités par le récit du Voyage extraordinaire. Tout d'abord sceptiques, ils sont peu à peu convaincus : Mahomet ne leur décrit-il pas, en réponse à des questions perfides – mais aidé par Gabriel –, la ville de Jérusalem d'où il est censé revenir et le détail des chargements d'une caravane revenant justement de cette ville – caravane qui apparaît à l'horizon dans un nuage de poussière ? Cette double épreuve, autant que le ton de conviction du Prophète, valide à leurs yeux le récit du Voyage nocturne. Ils adhèrent de tout cœur à l'islam.

La Loi fondamentale

Reprenons les articles de foi de l'islam : Dieu est Un. Il est Créateur et Juge. Il a révélé à son prophète Mahomet par l'intermédiaire de l'ange Gabriel, dans le Coran, la Loi fondamentale qui dit le bien et le mal et ouvre la voie du salut. Le Coran appelle ainsi le fidèle à suivre les préceptes fondamentaux qui guident une attitude vraiment humaine. Et plus spécialement la justice et la solidarité, à la lumière du Jugement qui attend chacun d'entre nous.

Ton Seigneur a prescrit la bonté à l'égard de vos père
et mère (...)
Donne à tes proches parents ce qui leur est dû,
ainsi qu'au pauvre et au voyageur ;
mais ne sois pas prodigue (...)
évitez la fornication ; c'est une abomination ! (...)
Ne tuez pas l'homme que Dieu vous a interdit de tuer (...)
Ne touchez pas à la fortune de l'orphelin (...)
Donnez une juste mesure, quand vous mesurez,
pesez avec la balance la plus exacte.

Sourate 17, *Le Voyage nocturne*, 23-35

Une certaine habitude...

Alors qu'on lui reprochait sa générosité excessive, Jaafar ibn Muhammad répondit :
« Dieu a une certaine habitude avec moi et j'ai une certaine habitude avec Lui. Je crains qu'en changeant d'habitude Il n'en vienne à faire de même.

Vois-tu celui qui traite de mensonge le Jugement ?
C'est lui qui repousse l'orphelin
Et qui n'encourage personne à nourrir le pauvre.

Sourate 107, *Le nécessaire,* 1-3

le désert

Le cheval d'Al-Mamun

Le calife de Bagdad, nommé Al-Mamun, possédait un magnifique cheval arabe. Un membre d'une tribu, nommé Omah, était désireux de l'acheter : il offrit plusieurs chameaux en échange, mais Al-Mamun ne voulait pas se départir de son cheval. Cela rendit Omah tellement furieux qu'il décida d'acquérir le cheval par la ruse.

Informé que Al-Mamun devait passer à cheval sur une certaine route, il se coucha le long de cette route, déguisé en mendiant très malade. Or, Al-Mamun était un homme au cœur tendre. À la vue du mendiant, il le prit en pitié, descendit de cheval et lui offrit de l'amener dans un sérail.

« Hélas ! se lamenta le mendiant, je n'ai pas mangé depuis des jours et n'ai pas la force de voyager. » Alors, Al-Mamun souleva doucement l'homme, le plaça sur son cheval, avec l'intention de monter ensuite. Dès qu'il fut en selle, le mendiant partit au galop, avec Al-Mamun qui courait après lui et lui criait d'arrêter. Quand il fut à une distance suffisante de son poursuivant, l'homme s'arrêta et regarda en arrière.

« Tu m'as volé mon cheval, cria Al-Mamun. J'ai une faveur à te demander.

— Laquelle ? cria l'autre.

— Que tu ne dises à personne comment tu as acquis le cheval.

— Et pourquoi ?

— Parce qu'un jour quelqu'un de réellement malade peut être couché le long de la route et, si ton truc est connu, les gens passeront près de lui sans lui porter secours. »

Conte de l'islam,
d'après A. De Mello

Les « cinq piliers »

Expression rituelle et symbolique de la mystique de l'islam

Premier pilier

La *shahada* ou profession de foi

C'est en prononçant la shahada *que le converti devient musulman. Le texte se prononce à voix haute, en arabe, dans la mesure du possible :*

Il n'y a de dieu que Dieu
et Mahomet est son prophète.

le corps

Dieu est la lumière

Dieu est la lumière des cieux et de la terre !
Sa lumière est comparable à une niche
où se trouve une lampe.
La lampe est dans un verre ;
Le verre est semblable à une étoile brillante.

Cette lampe est allumée à un arbre béni :
l'olivier qui ne provient ni de l'Orient, ni de l'Occident
et dont l'huile est près de l'éclairer
sans que le feu la touche.

Lumière sur lumière !
Dieu guide vers sa lumière qui Il veut.
Dieu propose aux hommes des paraboles.
Dieu connaît toute chose.

Sourate 24, *La lumière*, 35

Deuxième pilier

La prière rituelle

C'est par les hadith, par exemple, que l'on sait comment doit se dérouler la prière. Elle s'accomplit cinq fois par jour, d'après l'heure locale : à l'aube, à midi, au milieu de l'après-midi, au coucher du soleil, à la fin du crépuscule. Elle peut se pratiquer individuellement, sur un tapis de prière, ou en communauté. Le vendredi, le fidèle assiste à celle de midi dans une mosquée. En pays musulman, le muezzin y appelle du haut du minaret.

L'imam dirige la prière dans une salle recouverte de tapis – car on y entre déchaussé –, dénuée de toute décoration figurative qui risquerait de favoriser l'idolâtrie. On y voit aussi une sorte de niche indiquant la direction de La Mecque, pour orienter la prière : mihrab*; et une chaire pour le sermon du vendredi : le* minbar.

La prière coranique par excellence est la première sourate du Coran, La Fatiha, *que nous avons découverte au début de ces pages. Après les ablutions, qui mettent en état de pureté légale, et l'orientation du tapis vers La Mecque, la prière rituelle débute par la formule* « Allah Akbar » *– Dieu est (le plus) grand –, qui fait entrer le croyant dans l'état de sacralité.*

Elle comporte deux à quatre rakaa *(prosternations) selon l'heure de la journée, qui se déroulent dans l'ordre suivant : récitation de la* Fatiha*; inclinaison profonde, les mains sur les genoux; station droite, les mains levées : « Dieu écoute celui qui chante ses louanges » ; grande prosternation accompagnée de prière, le front contre terre, suivie d'une station à genoux, assis sur les talons, et d'une seconde grande prosternation.*

On termine la prière par la récitation, assis sur les talons, de la shahada*, d'une prière sur le Prophète et d'une formule de retour dans le monde profane en se tournant vers la droite et vers la gauche : « Sur vous le salut et la miséricorde de Dieu. »*

Prier avec son corps

Dans un petit village d'Anatolie, on attendait fébrilement la venue d'un célèbre imam qui devait venir prêcher à la mosquée pour édifier la communauté. Après la prière du vendredi, les croyants se retrouvèrent longuement en petits groupes pour préparer les questions à communiquer au maître, sur son thème favori : « Comment être pleinement heureux dans toute sa vie ? »

L'imam arrive, accueilli dans un silence respectueux. Il monte au minbar. Tous ont les yeux levés sur lui et déjà le gardien se lève pour amorcer le dialogue. Mais l'imam, sans un mot, regarde longuement l'assemblée qui le boit des yeux et commence à murmurer à bouche fermée une mélodie lancinante.

Bientôt les croyants fredonnent à sa suite la mélodie. Il chante. Tous chantent. Il descend de la chaire et amorce doucement une danse souple et rythmée. Certains se lèvent et lui emboîtent le pas. Au bout de quelques minutes, c'est toute l'assemblée qui danse, totalement engagée dans le balancement des corps, le mouvement des pieds, le chant de la mélodie. Tous comme un seul corps uni où les moi individuels disparaissent et où les vides intérieurs se creusent, remplis de la même présence de Dieu le Miséricordieux.

L'imam remonte enfin lentement en chaire. Un grand calme s'est fait dans la mosquée. Une paix physiquement perceptible emplit les cœurs. Et dans le silence vibrant encore d'harmonie, l'imam fait passer son regard sur les visages qui le boivent des yeux :

« Je crois avoir bien répondu à vos questions : là où tu pries avec tout ton être et tout ton corps, là est le bonheur. »

Conte de l'islam

La joie de la rencontre de Dieu dans la prière rituelle est semblable à celle de deux êtres qui s'aiment tellement qu'ils ne pensent plus que l'un à l'autre: ils sont totalement « absorbés » l'un dans l'autre.

La paysanne et l'empereur

L'empereur mongol Akbar chassait un jour dans la forêt. L'heure étant venue pour la prière du soir, il descendit de cheval, étendit un tapis sur le sol et s'agenouilla pour prier, comme font partout les musulmans dévots.

Or, juste à ce moment, une paysanne bouleversée par la disparition de son mari, parti ce matin-là et pas encore revenu, passa par là à toute vitesse, cherchant anxieusement l'absent. Dans sa préoccupation, elle ne remarqua pas la forme agenouillée de l'empereur et buta contre lui, puis elle se releva et, sans un mot d'excuse, continua sa course dans la forêt.

Akbar fut agacé par cette interruption. Comme, tout de même, c'était un bon musulman, il observa la règle qui défend de parler à qui que ce soit durant la prosternation. Mais, juste au moment où sa prière prenait fin, la femme revint toute joyeuse en compagnie de son mari retrouvé. Elle fut surprise et effrayée d'apercevoir là l'empereur et son escorte. Akbar donna libre cours à sa colère et lui cria: « Expliquez votre comportement irrespectueux ou je vous fais châtier ! »

La femme perdit soudain toute sa peur, regarda l'empereur dans les yeux et dit: « Majesté, j'étais tellement absorbée dans la pensée de mon mari que je ne vous ai pas vu ici,

صداقة

même pas lorsque j'ai buté contre vous. Mais vous, quand vous étiez prosterné, vous étiez absorbé en Quelqu'un de bien plus précieux que mon mari : comment se fait-il que vous m'ayez remarquée ? »
L'empereur honteux se tut. Et plus tard, il confia à ses amis qu'une paysanne qui n'était ni lettrée ni mollah lui avait enseigné le sens de la prière.

Apologue de l'islam,
(d'après A. De Mello)

C'est Dieu lui-même
qui m'attend à la mosquée...

Sur le chemin du hammam

Un jour, un émir ressentit le désir de se rendre au hammam. Il appela son esclave, qui s'appelait Sungur, et lui dit : « Prépare mon pagne, ma bassine et mon savon ! Nous allons au hammam ! »
Sungur exécuta ses ordres et tous deux prirent le chemin du hammam. Or, sur ce chemin, il y avait une petite mosquée. Comme il passait devant elle, Sungur entendit l'appel à la prière. Il dit à son maître :
« Ô mon maître ! Peux-tu patienter quelques instants devant ce magasin tandis que je fais mes prières ? »
L'émir accepta et se mit à attendre...
Il attendit longtemps. Il vit sortir les fidèles et l'imam, mais Sungur était toujours à l'intérieur. Perdant patience, l'émir se mit à crier : « Ô Sungur ! Pourquoi ne sors-tu pas ? »
De l'intérieur de la mosquée, Sungur lui répondit : « Je suis retenu ici. Ne perds pas patience ! J'arrive ! Ne pense surtout pas que j'oublie que tu m'attends ! »
L'émir réitéra sept fois son appel et, à chaque fois, Sungur répondait : « Je n'ai pas la permission de venir auprès de toi ! »
À la fin, l'émir lui dit : « Mais il n'y a personne dans cette mosquée ! Je suis curieux de savoir ce qui t'empêche de sortir. »
Sungur répondit : « Celui qui t'enchaîne à l'extérieur m'a enchaîné à l'intérieur. Celui qui ne te permet pas d'entrer m'interdit de sortir. »

Conte soufi

Troisième pilier

Le jeûne du mois de ramadan

Il consiste à s'abstenir de toute nourriture ou boisson, à ne pas fumer et à s'abstenir de l'acte sexuel, de l'aube au coucher du soleil, c'est-à-dire quand on commence à distinguer, ou quand on ne peut plus distinguer, un fil blanc d'un fil noir (sourate 2, La vache, *187). Et cela durant le mois lunaire de ramadan (neuvième mois du calendrier lunaire hégirien), au cours duquel la révélation du Coran a été donnée à Mahomet.*

Ce jeûne signifie que toutes les choses naturelles de la vie sont un don de Dieu à recevoir avec reconnaissance, car nous ne sommes pas autosuffisants. Il se termine par la fête de l'Aïd el-Séghir, la rupture du jeûne.

Les fêtes de l'islam

Aïd el-Séghir (« la petite fête ») : fin du Ramadan.

Aïd el-Kébir (« la grande fête ») : soixante-dix jours après, c'est la « fête du Sacrifice », où le chef de famille égorge à la maison un mouton en lui tournant la tête vers La Mecque.

Ras el-'Am (jour de l'an du calendrier musulman) : anniversaire du jour où Mahomet émigra de La Mecque à Médine (l'hégire, en 622, an 1 des musulmans).

Achoura : dix jours après le premier de l'an, chez les sunnites, en souvenir de l'arrivée de Mahomet à Médine ; c'est une fête très allègre.

Mouloud : fête religieuse, anniversaire de la naissance de Mahomet, au troisième mois de l'année (mois de *rabi'*).

Quatrième pilier

L'aumône

C'est l'expression de la solidarité de la communauté. C'est aussi l'acquittement d'une dette, car tous les biens sont à Dieu. Elle se traduit par la charité envers tout frère qui se trouve dans le besoin.

Ceux qui dépensent leurs biens,
avec le désir de plaire à Dieu
et pour affermir leurs âmes,
ressemblent à un jardin
planté sur une colline :
si une forte pluie l'atteint,
il donnera deux fois le double de fruits ;
si une forte pluie ne l'atteint pas,
la rosée y suppléera
– Dieu voit parfaitement
ce que vous faites.

Chacun d'entre vous ne souhaiterait-il pas
posséder un jardin planté de palmiers et de vignes,
où coulent les ruisseaux
et qui contiendrait toute sorte de fruits ?

Sourate 2, *La vache,* 265-266

Tout donner jusqu'à sa propre vie pour que le frère vive. Tel est le sens de l'aumône.

Une rivière descendait des montagnes…

La rivière descendait des montagnes, traversant vallées et plaines, franchissant rochers et marécages. Elle entendait, au fond d'elle-même, l'appel d'un pays lointain, et cette voix la tirait en avant.

Un jour, elle arriva devant un désert. Elle avança hardiment, mais ses eaux disparaissaient dans les sables. Et elle comprit qu'elle ne pourrait jamais passer.

Elle restait là, angoissée, ne comprenant plus. C'est alors qu'elle sentit le vent, tout près d'elle, qui murmurait :

« Je traverse le désert. Tu peux en faire autant…

— Mais comment ? dit la rivière. Dans le sable je vais mourir !

— Laisse-moi souffler sur toi, rivière mon amie. Tu vas mourir aussi : mais pour devenir nuage ! Oublie ce que tu étais, laisse-toi transformer… Avec moi, tu traverseras le désert. Et tu apporteras la vie, là-bas, à ceux qui ont besoin de toi… »

Hadith

Cinquième pilier

Le *hadj*, le pèlerinage à la Kaaba

Tout musulman doit l'accomplir une fois dans sa vie. Il a lieu en principe au dernier mois du calendrier musulman.

C'est l'expression de l'universalité de l'islam dans sa soumission à Dieu, et de la volonté d'être totalement pur en suivant le chemin de Dieu. Aussi y revêt-on dès le premier jour l'habit blanc du pèlerin, le même pour tous. On se purifie par les ablutions. Et l'on commence le pèlerinage par le même cri : « Labbayka Allahoum » – « *Me voici à Toi, ô Dieu !* »

On fait sept fois le tour de la Kaaba, qu'Abraham aurait construite avec son fils Ismaël. C'est un édifice de pierre de dix mètres sur douze, haut de quinze mètres, entièrement recouvert d'un voile de brocart noir. À l'un de ses angles est enchâssée la Pierre noire, sorte d'aérolithe qui aurait été envoyé à Abraham, selon la tradition, par l'ange Gabriel.

Les rites continuent par sept courses entre deux petites collines proches, qui rappellent la fuite d'Agar cherchant une source pour désaltérer son fils Ismaël. Puis l'on visite les sanctuaires voisins, et spécialement le mont Arafat où les pèlerins se tiennent debout « en méditation devant Dieu, de midi au coucher du soleil ».

Le pèlerinage se termine par le sacrifice d'une brebis, qui commémore le sacrifice d'Abraham, le « soumis à Dieu » par excellence.

Sur le chemin du retour, beaucoup vont visiter le tombeau du Prophète à Médine. Ils vont ensuite prier à Jérusalem, troisième lieu saint de l'Islam, sous la grande coupole de Omar qui recouvre le Rocher sacré d'où Mahomet se serait élevé au ciel, et d'où l'Ange annoncera le jour du Jugement.

Au retour, le pèlerin portera le titre de hadj, *qui signifie « pèlerin de La Mecque ».*

De la prière à la Kaaba à la prière intérieure

Quand tu feras le pèlerinage à La Mecque,
la première fois tu verras la Kaaba,
la deuxième fois, c'est le Seigneur de la Kaaba
que tu verras.
La troisième fois, tu ne verras ni la Kaaba
ni le Seigneur de la Kaaba.

Hadith

C'est qu'Il est partout sur le chemin,
disent les chercheurs de Dieu.

Le dormeur

Il avait fait un pèlerinage à La Mecque. La route avait été dure, chaude, épuisante. Enfin la Maison de Dieu, la Kaaba couverte de tentures noires, est toute proche ! Pour se préparer à prononcer « *Labbayka* » – « Me voici, Seigneur ! » – et à faire les sept allers-retours entre Safa et Marwah, notre pèlerin exténué se laisse aller à un petit somme réparateur, étendu de tout son long, les pieds tournés vers le Sanctuaire. Lorsqu'il est brutalement réveillé par un gardien courroucé :
« Misérable ! comment oses-tu tourner ainsi tes pieds sales et poussiéreux vers la Sainte Demeure du Tout-Miséricordieux !
— Oh ! oui, tu as bien raison, ami ! répond sereinement le dormeur. Mais dis-moi, prends plutôt mes pieds pour les tourner vers un lieu où Il ne réside pas... »

Apologue de l'islam

Mais chaque musulman doit chercher Dieu d'abord en lui-même...

Où vas-tu, pèlerin ?

Il avait pris lui aussi le chemin de Téhéran à La Mecque. Il s'arrêta un soir près d'un marabout pour se reposer à son ombre.
Un sage hadj s'en vint l'interroger :
« Où vas-tu, pèlerin ?
— À la Kaaba, la Demeure de Dieu, dans la ville du Prophète...
— Et qu'y cherches-tu ?
— Mais... Dieu !
— C'est étrange... Où donc est le Dieu de Téhéran, qu'il te faille aller le chercher à La Mecque ?
Le pèlerin repartit avec la parole dans son cœur. De ce jour, jamais la Présence ne lui fit défaut sur le chemin.

Apologue de l'islam

la lumière

Le code de vie du musulman pieux et fidèle

Le disciple de l'islam attend de la religion des consignes précises et concrètes qui structurent son existence. Les commandements de Dieu doivent structurer de même la société, pour qu'elle devienne meilleure. C'est l'enseignement du Coran :

Vous formez la meilleure Communauté
créée pour les hommes :
vous ordonnez ce qui est convenable,
vous interdisez ce qui est blâmable,
vous croyez en Dieu.

Sourate 3, *La famille de Imran,* 110

C'est dans le Coran que le musulman trouve des prescriptions pour la conduite de sa vie : l'interdiction de l'usure, par exemple, ou celle des jeux de hasard, ou encore les prescriptions alimentaires.

Dieu vous a seulement interdit
la bête morte, le sang, la viande de porc
et tout animal sur lequel on aura invoqué
un autre nom que celui de Dieu.

Sourate 2, *La vache,* 173

Voici deux paraboles typiques de la condamnation de l'avarice et de l'usure. Ces contes invitent aussi, plus profondément, à se libérer de tout attachement à l'égard de l'argent et des biens matériels.

Les babouches d'Abou Kacem l'usurier

Le plus grand avare, le plus grand usurier que la terre ait jamais porté, Abou Kacem, était célèbre pour ses babouches, sales et rapiécées, et qui n'avaient plus ni forme ni couleur.

Abou Kacem se frottait les mains. Il venait d'acquérir pour une bouchée de pain un assortiment de fioles de cristal et un stock d'essence de rose qu'il revendrait plus de cent fois son prix. Et il avait prêté à un autre commerçant endetté un belle somme d'argent avec intérêt de 100 % par mois !

Il se rend à l'établissement de bains près de chez lui. Le voilà rasé de frais, parfumé. Mais, parmi les chaussures laissées à l'entrée par les clients, comme c'est l'habitude, ses babouches sont introuvables. Qu'importe ! En voici une paire de velours rouge, brodées d'or, magnifiques.

Hélas ! Abou Kacem est aussitôt poursuivi et accusé de vol : c'étaient les babouches du juge de la ville. Il paie une amende très élevée et on lui rend ses vieilles pantoufles.

Du coup, il ne peut plus les voir en peinture et les jette par la fenêtre. Un passant les reconnaît, tant elles sont célèbres, et les lui renvoie par la fenêtre ouverte. Elles tombent sur la table où se trouvent les fioles acquises à si bon compte. Tout est réduit en miettes et l'essence de rose se répand sur le sol. Accablé par ce coup du sort, Abou Kacem creuse un grand trou au fond de son jardin et enterre ses babouches. « Babouches de malheur, vous voilà disparues pour toujours ! »

Le voyant creuser comme un forcené, les voisins, persuadés que Abou Kacem a trouvé un trésor, le dénoncent au calife. Il se défend. Mais personne n'accepte de croire qu'il ait pu enterrer ses babouches chéries. L'amende à payer est si colossale que le voilà plus démuni que le plus pauvre habitant de la ville. Il est ruiné !

Abou Kacem se met alors à rire à gorge déployée : « Mes chères babouches, me voici, grâce à vous, léger comme un oiseau et le cœur paisible. Enfin ! »

Et Abou Kacem s'en va, pieds nus, en gambadant dans les rues ensoleillées.

Conte populaire

الحياة

L'usurier transformé en souris

Un sot avait un coffret plein de l'or qu'il avait malhonnêtement gagné en prêtant à des taux usuraires à de pauvres gens dans le besoin. Il mourut. Un an après, son fils le vit en songe sous la figure d'une souris, les yeux pleins de larmes, qui rôdait en trottant autour de l'endroit où était enfoui son or.
Son fils raconta qu'il l'avait interrogé, en lui disant : « Pourquoi es-tu venu ici ? Dis-le-moi. »
Le père répondit : « J'ai caché de l'or ici ; je viens voir si quelqu'un l'a découvert. »
Son fils lui demanda : « Pourquoi as-tu la forme d'une souris ? »
Le père répondit alors : « Le cœur dans lequel s'est élevé l'amour de l'or a cette forme. Regarde-moi, et fais ton profit de ce que tu vois, en renonçant à l'or, ô mon enfant ! »

D'après Attar, *Le Langage des oiseaux*,
poète initié de l'islam (1120-1190)

L'avare ressemble à l'âne qui porte de l'or et de l'argent et qui se nourrit de paille.

Hadith

Ceux qui pratiquent la vraie religion
ne sont pas ceux qui en parlent
le plus ou qui s'en tiennent
aux signes extérieurs de piété...

La piété ne consiste pas à tourner votre face du côté
de l'Orient ou de l'Occident.
L'homme bon est celui qui croit en Dieu,
au dernier Jour, aux anges,
au Livre et aux prophètes.
Celui qui, pour l'amour de Dieu, donne de son bien
à ses proches, aux orphelins, aux pauvres,
au voyageur, aux mendiants
et pour le rachat des captifs.
Celui qui s'acquitte de la prière;
celui qui fait l'aumône.
Ceux qui remplissent leurs engagements;
ceux qui sont patients dans l'adversité, le malheur
et au moment du danger:
voilà ceux qui sont justes!
Voilà ceux qui craignent Dieu!

Sourate 2, *La vache,* 177

Le disciple féru de théologie

Un jeune disciple, très intéressé par l'étude de la religion, demandait à un sage soufi comment il fallait s'y prendre pour devenir un vrai musulman :
« Blanchis ton cœur par la prière silencieuse, répondit le maître en l'observant longuement de son regard transparent, plutôt que de noircir des pages de discours religieux. »

Nasafi, mystique persan du XIIIe siècle

Il y a dix commandements pour le sage.
Neuf disent : « Ne parle pas. » Un seul dit : « Parle peu. »

Hadith

Aimer

Cheminant un jour en un lieu solitaire, le roi Salomon rencontra une fourmilière. Aussitôt toutes les fourmis vinrent par milliers le saluer. Une seule l'ignora, occupée à emporter, grain par grain, l'énorme monticule de sable devant elle.

Le roi Salomon la fit appeler et dit :

« Ô petite fourmi, même avec la longévité de Noé et la patience de Job, jamais tu ne pourras faire disparaître cette montagne de sable !

— Ô grand roi, répondit la fourmi, ne t'arrête pas à ma taille, mais regarde plutôt mon ardeur. Derrière ce monticule est ma bien-aimée. Rien ne m'arrêtera pour la retrouver. Et si je dois perdre la vie, au moins je mourrai dans l'espoir de la rejoindre. Ô roi, apprends d'une fourmi ce qu'est l'amour ; apprends d'un aveugle le secret de la vision. »

D'après Attar, *Le Langage des oiseaux*

À la mosquée

… avec quelque humour

Dans la mosquée, l'ayatollah inclinait en gémissant son buste et disait : « Aie pitié de moi, ô Miséricordieux, je ne suis qu'un pécheur ! »
Un mollah qui lisait pieusement le Coran près de l'entrée, édifié par l'exemple de ce maître en sainteté, alla s'agenouiller humblement derrière l'ayatollah. Et il se frappa la poitrine en disant bien haut, à son tour : « Ô mon Dieu, aie pitié de moi, je ne suis qu'un pécheur ! »
Le gardien qui balayait la mosquée, bouleversé par de tels exemples d'humilité, se précipita à son tour à genoux, à distance respectueuse : « Ô Dieu très bon, aie pitié de moi qui ne suis qu'un pécheur ! »
L'ayatollah se retourna alors, le sourcil courroucé, vers le mollah : « Non mais, regarde-le… Le voilà qui se prend pour un pécheur ! »

Parabole d'Iran

La pensée

le voyage

Le vrai fidèle de l'islam sait reconnaître la présence de Dieu le Très-Haut au cœur de tout croyant, quel qu'il soit, pratiquant l'amour. C'est ce qu'enseigne un courant mystique de l'islam, le soufisme.

Mon cœur
est devenu capable
de revêtir toutes les formes ;
il est
pâturages
pour les gazelles
et
couvent pour le moine,
temple pour les idoles
et
Kaaba pour le pèlerin.
Il est la table de la Torah
et
le livre du Coran.
Je professe la religion de l'amour
quel que soit le lieu
vers lequel
se dirigent ses caravanes.
L'amour
est
ma religion
et
ma foi.

Ibn 'Arabi (1165-1240)

Tu es proche, je m'abandonne à Toi

Mon Dieu, comment m'abandonnerais-Tu,
Toi qui m'as pris en protection ?
Comment serais-je écrasé,
alors que Tu es mon secours ?
Comment serais-je déçu,
alors que Tu prends soin de moi ?

Mon Dieu, comme Tu es proche de moi,
et comme je suis loin de Toi !
Mon Dieu, comme Ta miséricorde est grande pour moi !
Mon Dieu, cherche-moi, par la miséricorde,
Afin que je Te rencontre.
Attire-moi par Ta grâce,
donne-moi de me tourner vers Toi.

Mon Dieu, comment serais-je déçu,
alors que Tu es mon espérance ?
Comment serais-je rejeté,
alors que je m'abandonne à Toi ?

Prière de l'islam

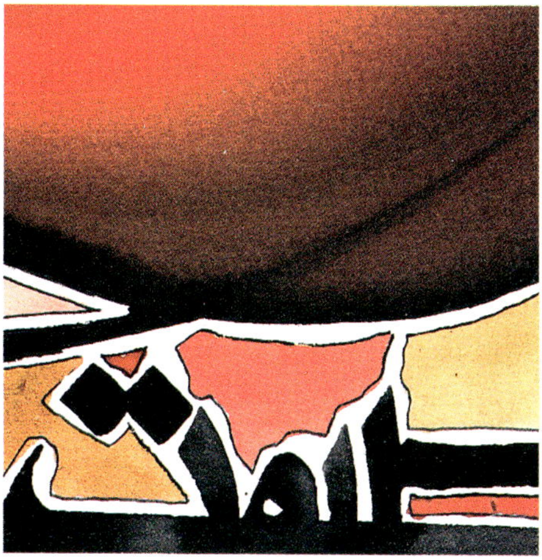

Brève chronologie

Vers 570, naissance de Mahomet à La Mecque, en Arabie.

Vers 610, il reçoit une révélation de Dieu par l'ange Gabriel.

En 622, il doit se réfugier à Yathrib (devenue « la Ville du Prophète », Medinat-al-Nabi, Médine), an I du calendrier musulman (l'hégire, ou « émigration »).

En 630, il s'empare de La Mecque.

En 657, bataille de Çiffin, où les partisans d'Ali, gendre du Prophète, s'opposent à Mu'awiya, désigné par le troisième calife Othman. À l'issue de la bataille, les partisans d'Ali deviennent les chiites (de chi'a*: partisan) ; ceux de Mu'awiya deviennent les sunnites (de* sunna*: Tradition). Ceux qui refusent de se rallier à l'un ou l'autre camp sont les kharidjites.*

En 661, assassinat d'Ali par un kharidjite.

Au VIIIe siècle, conquête du Moyen-Orient et occupation des Lieux saints à Jérusalem.

À partir de 711, conquête de l'Espagne.

Début du XIe siècle, Reconquista de l'Espagne sur les musulmans.

En 1095, appel du pape Urbain II pour délivrer le tombeau du Christ et début des croisades, avec la prise de Jérusalem en 1099.

En 1291, chute de saint Jean d'Acre et fin du Royaume latin de Jérusalem.

En 1957, en Égypte, naissance des Frères musulmans.

Références des textes cités

Les textes du Coran sont cités d'après la traduction de D. Masson, Gallimard, 1967.

Djalāl al-Dīn Rūmi, Le Mesnevi, 150 contes soufis, *Albin Michel, 1988 :*
« Allah me retient », p. 89-90.
« La vache et l'île », p. 154.

Sayd Bahodine Majrouh (éd.), Rire avec Dieu : aphorismes et contes soufis, *Albin Michel, 1995 :*
« Occupe-toi un peu de tes créatures ! », p. 167-168.

Gilbert Sinoué, Le Livre des sagesses d'Orient, *Éditions 1, 2000 :*
« Du destin », p. 84.
« L'usurier transformé en souris », p. 145.
« Sur le chemin du hammam », p. 156.

Anthony De Mello, Comme un chant d'oiseau, *Desclée de Brouwer, 1984 :*
« Le Miséricordieux, mon Ami », p. 78-79.

Anthony De Mello, Dieu est là, dehors, *Bellarmin, 1990 :*
« Le paysan et l'empereur », p. 47-48.
« La surprise de La Mecque », p. 99.
« Le cheval d'Al-Mamoun », p. 246-247

Nous n'avons pu, pour un certain nombre de textes, identifier les éventuels ayants droit. Qu'ils veuillent bien nous contacter, le cas échéant, pour combler cette lacune.

Table